AF469700

CATALOGUE

DES

OBJETS D'ART & DE CURIOSITÉ

DE

L'EXTRÊME-ORIENT

ANCIENNES PORCELAINES, POTERIES, GRÈS

Pièces rares et précieuses

DE

Koutani, Awata, Rakou, Ninséi, Yorakou, Misoro, Kiyomizu, Imari
Satsuma, Kioto, Bizen, Seto, Banko, etc.

ARMES, LAQUES, ÉMAUX CLOISONNÉS, BRONZES, JADES

DE CHINE & DU JAPON

ARMES ORIENTALES

Grand Meuble-Vitrine de Lièvre

Formant la Collection de M. H. FAVRE

ET DONT LA VENTE AURA LIEU

HOTEL DROUOT, SALLE N° 1

Les Mercredi 1er et Jeudi 2 Avril 1903

à deux heures

Me PAUL CHEVALLIER
COMMISSAIRE-PRISEUR
10, rue Grange-Batelière

M. A. BLOCHE
EXPERT PRÈS LA COUR D'APPEL
28, rue de Châteaudun

Chez lesquels se distribue le présent Catalogue

EXPOSITION PUBLIQUE

Le Mardi 31 Mars 1903, de 2 heures à 6 heures

CONDITIONS DE LA VENTE

Elle sera faite au comptant.

Les acquéreurs payeront *dix pour cent* en sus des prix d'adjudication.

L'exposition mettant le public à même de se rendre compte de l'état et de la nature des objets, aucune réclamation ne sera admise une fois l'adjudication prononcée.

Paris.—Imp. de l'Art, E. Moreau et Cie, 41, r. de la Victoire.

DÉSIGNATION

PORCELAINES DE LA CHINE

1 — Grand vase, forme à quatre faces, presque losange, en ancienne porcelaine de Chine, bleu turquoise truité, décor gravé sous couverte, à fleurs au milieu d'arabesques; socle en bois sculpté. Pièce remarquable

Haut., 48 cent.

2 — Bol en ancienne porcelaine de Chine, fond jaune impérial, décorée de médaillons à caractères chinois au milieu d'arabesques feuillagées et fleuries. Époque Kien-long.

Haut., 7 cent.

3 — Petit plateau, de forme carrée, en ancienne porcelaine de Chine; décor en émaux vert, violet et jaune, représentant une Chinoise dans un paysage; bordure à pans, offrant des rosaces, losanges et arabesques sur fond jaune.

4 — Brûle-parfums en ancienne porcelaine de Chine; décor à palmettes en rouge bleu et or sur fond blanc; monture et couvercle en argent gravé et ajouré.

Haut., 17 cent.

5 — Bol en ancienne porcelaine de Chine, fond blanc; décor à scènes enfantines en émaux de couleur.

Haut., 7 cent.

6 — Bol en ancienne porcelaine de Chine, fond blanc décoré de personnages européens en émaux de couleur. Époque Kien-long.

Haut., 9 cent.

7 — Brûle-parfums en ancien blanc de Chine, forme cylindrique; décor dragons dans les nuages, gravé sous couverte; couvercle en métal ajouré.

Haut., 10 cent.

8 — Petite tasse, avec couvercle, en porcelaine de Chine, fond bleu; décor au dragon au milieu de nuages.

Haut., 8 cent.

9 — Applique en ancienne porcelaine de Chine forme gourde, fond rouge, émail à rehauts

d'or avec médaillons; au centre à caractères chinois dorés sur fond blanc; entourage vert d'eau. Époque Kien-long.

Haut., 35 cent.

10 — Petit vase en ancien blanc de Chine; décor en relief aux fleurs de pêchers.

Haut., 16 cent.

11 — Petit bol, avec couvercle, en ancienne porcelaine de Chine, fond rose truité.

Haut., 8 cent.

12 — Petit bol en ancienne porcelaine de Chine, fond noir; décor à reflets nacrés : jeux d'enfants dans des paysages.

Haut., 7 cent.

13 — Bol en ancienne porcelaine de Chine, de l'époque Kien-long, fond jaune impérial; décor à fleurs au milieu de rinceaux feuillagés et fleuris.

Haut., 8 cent.

14 — Grand bol en ancienne porcelaine de Chine, époque Kien-long; décor à rosaces au milieu d'arabesques en émaux de couleur sur fond blanc.

Haut., 10 cent.

15 — Petit bol, avec couvercle, en ancienne porcelaine de Chine, de l'époque Kien-long; décor à volatiles en rose sur fond vert.

Haut., 10 cent.

16 — Vase à pans en ancienne porcelaine de Chine, fond noir flambé grand feu; anses à têtes d'animaux et anneaux; pièce du XVIe siècle portant la signature de Ban Meï Sho.

Haut., 23 cent.

PORCELAINES DE KOUTANI

17 — Plat rond à bords concaves, de Koutani, offrant sur fond d'or, au milieu, des embarcations remplies de personnages voguant à voiles déployées, décor en émaux de couleur; marli à dentelures au trait vert et noir sur fond violacé; les bords, à fond rouge treillagés en vert, présentent trois médaillons à personnages debout entre des figures dessinant des cariatides et des rosaces à fleurs dorées sur fond rouge encadrées d'un truité et d'un quadrillé; au revers, se dessinent des cachets en rouge et vert. Très belle qualité.

18 — Bol en ancienne porcelaine de Koutani, offrant, à l'intérieur, des médaillons à fleurs, encadrement fond jaune, l'extérieur fond vert, décor gravé sous couverte.

Haut., 3 cent.

19 — Ecritoire en vieux Koutani, pâte tendre, décor intérieur, offrant des personnages dans des paysages montagneux ou traversés par des cours d'eau, couvercle orné de paons posés sur des branchages fleuris. Pièce précieuse.

Long., 24 cent.; larg., 18 cent.

20 — Grande gourde à double renflement et à pans en vieux Koutani, fond rouge corail, offrant sur un fond treillagé des médaillons à dessins rehaussés d'or.

Haut., 36 cent.

21 — Petite cassolette avec couvercle, forme à losange lobé, en ancienne porcelaine de Koutani, décorée sur les côtés de médaillons à volatiles et dragons, sur fond à treillages et arabesques, en émaux de couleur. Pièce très ancienne.

Haut., 10 cent.

22 — Plat en vieux Koutani, fond jaune à

rosaces, décor à la boule de neige en émaux bleus etverts.

Diam., 34 cent.

23 — Petit brûle-parfums en ancienne porcelaine de Koutani, fond vert et jaune, décorée de médaillons à personnages et paysages, en émaux de couleur, anses à têtes d'animaux et couvercle en métal ajouré.

Haut., 5 cent.

24 — Bouteille à pans en ancienne porcelaine de Koutani, décor à réserves de paysages, rosaces et losanges en émaux de couleur.

Haut., 17 cent.

25 — Petite coupe à bords relevés en vieux Koutani du XVIe siècle, fond rouge rehaussé d'or, décor en camaïeu, offrant au centre un groupe de personnages et tout autour des rosaces et lambrequins.

Diam., 13 cent.

26 — Potiche en ancienne porcelaine de Koutani, décor à personnages dans des paysages en émaux de couleur.

Haut., 30 cent.

27 — Bouteille à pans en ancienne porcelaine de

Koutani, décor à paysages, le haut à lambrequins.

Haut., 19 cent.

28 — Deux petits plateaux carrés en vieux Koutani, décor à paysages.

29 — Deux bols en ancienne porcelaine de Koutani, décor à personnages dans des paysages montagneux, décoration extérieure à branchages fleuris. Socle en bois de fer.

Haut., 9 cent.

30 — Petite coupe en ancienne porcelaine de Koutani, décor en émaux polychrome, représentant une jeune Chinoise dans un paysage.

31 — Gourde en vieux Koutani, fond jaune, décor à médaillon de fleurs en émaux bleus, verts et violets, sur fond craquelé.

Haut., 29 cent.

32 — Théière en ancien Koutani, fond rouge à rosace, avec médaillon à paysages animés de personnages.

Haut., 13 cent.

33 — Grande statuette en vieux Koutani, représentant un personnage assis revêtu d'un riche costume et portant un masque sur la figure.

Haut., 57 cent.

34 — Aiguière en ancienne porcelaine de Koutani, décorée de médaillons à dragons et branchages fleuris avec semis de rosaces fleuronnées, le haut à arabesques, en émaux violets, verts, bleus et rouges. Pièce remarquable.

Haut., 25 cent.

POTERIES D'IMARI

35 — Bouteille à Saké, de forme carrée, en ancienne porcelaine d'Imari, décor à fleurs en polychrome sur fond blanc.

Haut., 17 cent.

36 — Bouteille carrée à Saké en ancienne porcelaine d'Imari, décor à fleurs, en bleu, rouge, vert et or.

Haut., 16 cent.

37 — Bol, de forme côtelée, en ancienne porcelaine d'Imari, décoré de volatiles et de rinceaux feuillagés et fleuris en bleu rouge, vert et or.

Haut., 9 cent.

38 — Brûle-parfums, de forme rectangulaire, en ancienne porcelaine d'Imari, fond rouge à rehauts d'or, à réserves de branchages fleu-

ris, et chimères, couvercle en argent treillagé, ajouré et orné de médaillons en ancien émail cloisonné, fond vert.

Haut., 8 cent.

39 — Petit brûle-parfums, de forme rectangulaire, ancienne porcelaine d'Imari, décor très fin à branchages fleuris, en émaux verts, rouges et jaunes, et rehauts d'or sur fond blanc, couvercle en métal ajouré.

Haut., 5 cent.

40 — Bouteille, de forme carrée, en ancienne porcelaine d'Imari, décor en relief et en émaux de couleur, à chimères et fleurs.

Haut., 18 cent.

POTERIES D'AWATA

41 — Brûle-parfums, de forme cylindrique et surbaissée, décoré d'émaux offrant des reflets métalliques à palmes au milieu d'arabesques, bordure à lignes grecques, couvercle en métal ajouré. Awata, XVIIe siècle.

Haut., 13 cent.

42 — Potiche en ancien Awata, col évasé, anses

à têtes d'éléphants, décor à volatiles et branchages fleuris, bordures à rosaces, losanges et arabesques.

Haut., 30 cent.

43 — Vase à pans en ancien Awata, décor par bandes unies et à lignes grecques, en émaux verts et bleus.

Haut., 23 cent.

44 — Petite potiche avec couvercle, de forme ovoïde, en ancien grès d'Awata, décor à médaillons et rosaces, en émaux vert, bleu et or.

Haut., 18 cent.

45 — Bouteille carrée en grès ancien d'Awata, décor à pagodes et paysages, en émaux bleu, vert et blanc, et entourage bleu.

Haut., 22 cent.

POTERIES DE RAKOU

46 — Bol en ancienne faïence de Rakou, décor flambé offrant en blanc des roues et des fleurs de mauves. Signé Kenzan.

Haut., 9 cent.

47 — Bol de rakou, décor flambé (portant la marque.)

Haut., 11 cent.

48 — Bol de Rakou, fond rouge flambé, décoré de grues en blanc.

Haut., 8 cent.

49 — Jardinière de forme carrée.

Haut., 8 cent.

POTERIES DE NINSÉI

50 — Paon de Ninséi, représenté les ailes déployées et disposant sa queue en éventail, plumages en émaux vert et rehauts d'or. Pièce des plus intéressante.

Haut., 28 cent.

51 — Petit bol en ancienne faïence de Ninséi, décor très fin, quantité de personnages adorant des divinités ou leur apportant des présents, en émaux de couleur, parties dorées, pied incisé.

Haut., 7 cent.

52 — Bol en grès ancien de Ninséi, fond gris, décor à glands et cordelières à émaux rouges et verts rehaussés d'or.

Haut., 8 cent.

53 — Petit bol en grès, décor représentant une réunion de personnages. Pièce intéressante portant la signature de Ninséi.

Haut., 8 cent.

54 — Brûle-parfums, en forme de fruits, en grès ajouré, décor à chimères, rosaces et rinceaux en polychrome et or, portant la signature de Ninséi.

Haut., 14 cent.

55 — Bol en grès de Ninséi, genre Tamagodé, le bas fond noir à reflets métalliques, le haut à carrelages de rosaces, en émaux de couleur sur fond blanc.

Haut., 11 cent.

56 — Bol fond noir à reflets métalliques, décor or et vert, portant la signature de Ninséi.

57 — Petit pot en grès émaillé de Ninséi, décor au dragon.

Haut., 7 cent.

58 — Petit bol en grès, décoré de personnages et d'animaux dans des paysages en émaux de couleur. Signé Ninséi.

Haut., 8 cent.

POTERIES DE MIZORO

59 — Gourde en ancienne poterie de Mizoro, décor à rosaces, lignes grecques et feuillages en émaux bleus, rouges et verts. Pièce intéressante.

Haut., 24 cent.

60 — Bouteilles à six faces en faïence de Mizoro, fond havane, décorée de branchages fleuris et le haut de lambrequins, en émaux bleu et vert rehaussés d'or.

Haut., 30 cent.

61 — Vase en ancienne poterie de Mizoro, décor représentant un paravent, avec figurine de Chinois traînant une voiture; le haut à rinceaux et le bas à feuillages en émaux de couleur.

Haut., 20 cent.

POTERIES DE YERAKOU

62 — Pot avec couvercle en ancienne faïence de Yerakou, fond bleu, décor à fleurs et branchage, en jaune et vert, en relief, bor-

dure à lignes grecques; couvercle marqué au seau du Kiri-Mon ou blason Impérial.

Haut., 19 cent.

63 — Bol, décor à fleurs et palmes sur fond noir, à reflets métalliques. Signé Yerakou.

POTERIES DE KIYOMIZU

64 — Bouteille à quatre pans en ancienne poterie de Kiyomizu, décor à branchages et paysages, en émaux bleus, sur fond havane. Pièce intéressante.

Haut., 23 cent.

65 — Bouteille en faïence de Kiyomizu, décor à bouquet de chrysanthèmes en émaux de couleur, et rehauts d'or, sur fond gris craquelé.

Haut., 20 cent.

66 — Bouteille ronde à Saké, de Kiyomizu, fond craquelé, décor à branchages et fleurs de pêchers en émaux bleus et verts.

Haut., 16 cent.

67 — Boîte de Kiyomizu (d'après Ninséi), les côtés en retrait, décor à fleurs de cerisiers, bordure à rosace, en émaux verts, rouges et bleus rehaussés d'or, couvercle ajouré surmonté d'un gland.

Haut., 9 cent.

68 — Statuette de femme de Kiyomizu, représentée couchée dans une pose des plus gracieuse et revêtue d'un riche costume.

Long., 40 cent.

69 — Bouteille à pans en grès de Kiyomizu, fond brun craquelé, décor à branchages fleuris en émaux bleus rehaussés d'or.

Haut., 22 cent.

70 — Deux petites bouteilles Kiyomisu, décor à bouquets de fleurs, en émaux de couleur rehaussés d'or sur fond craquelé.

Haut., 15 cent.

71 — Bouteille à Saké, de Kiyomizu, décor à feuillages et oiseau sacré sur fond craquelé.

Haut., 11 cent.

72 — Petit bol en ancien grès craquelé de Kiyomizu, offrant une divinité et des oiseaux sacrés.

Haut., 8 cent.

POTERIES DE SATSUMA

73 — Bouteille, ancien Satsuma, décor d'une finesse remarquable, à draperies et réserves de fleurs, rosaces, treillages fleuris et semis de fleurs.

Haut., 25 cent.

74 — Coupe, ancien Satsuma, décor très fin, à branchages fleuris et oiseau sacré en émaux vert rouge et or; bordure extérieure à bambous en reliefs, et médaillons à fleurs et oiseaux en polychrome et or.

Diam., 20 cent.

75 — Vase, ancien Satsuma, col à branchages fleuris, en vert, rouge et or sur fond noir; panse arrondie, à rosaces ajourées, et à cartels de chimère, et dragons en rehauts d'or; anses à têtes d'éléphants.

Haut., 22 cent.

76 — Personnage assis en Satsuma, avec manteau aubergine et liserets verts, tenant d'une main un pinceau et de l'autre un dessin.

Haut., 20 cent.

77 — Petite gourde, ancien Satsuma, décor

très fin à lambrequins, en émaux de couleur et rehauts d'or, le bas à réserve de branches de fleurs.

Haut., 18 cent.

78 — Grand plat de Satsuma, représentant l'entrevue de deux grands personnages escortés d'une suite nombreuse et de guerriers portant des étendards, en très riches costumes et dans un décor des plus chatoyant, orné de fleurs et d'arbustes et tendu de draperies ; dans le fond, se détache une perspective de paysage montagneux. Pièce intéressante par la finesse du dessin, l'expression des physionomies et la richesse du décor. Cadre en bois noir.

Diam., 52 cent.

79 — Deux grands cornets, à col évasés, de Satsuma, décor aux dragons et oiseaux sacrés en émaux de couleur et rehauts d'or. Socles en bois de fer.

(*Provient de la collection Marquis.*)

Haut., 35 cent

80 — Grand vase de Satsuma, fond rouge corail, décoré de médaillons à oiseaux sacrés, à palmes et rinceaux en émaux de couleur, rehaussés d'or.

Haut., 35 cent.

81 — Bonbonnière, forme boule, ancien Satsuma bleu, couvercle surmonté d'une chimère, émaillée jaune.

Haut., 15 cent.

82 — Cornet à col évasé, ancien Satzuma, offrant, dans le haut et dans le bas, des chrysanthèmes en émaux rouges, verts et roses; ceinture à rosaces, sur fond d'or.

Haut., 20 cent.

83 — Cassolette, avec couvercle, ancien Satsuma, décor de médaillons à personnages, à bandes et à treillages fleuris; couvercle à dragon enroulé.

Haut., 11 cent.

84 — Petite coupe, forme fleur, ancien Satsuma, offrant à l'intérieur une rosace de fleurs sur fond noir, et tout autour des papillons en émaux de couleur et rehauts d'or, et à l'extérieur des branchages fleuris.

85 — Petit cornet, ancien Satsuma, décoré de reptiles, grenouilles et insectes en émaux de couleur et à fleurs ajourées.

Haut., 12 cent.

86 — Statuette de personnage, ancien Satsuma, revêtu d'un riche costume, tenant d'une main un crayon, et de l'autre une tablette.

Haut., 18 cent.

87 — Théière, à anse forme tortue, ancien Satsuma.

Haut., 13 cent.

88 — Bouteille, à panse renflée et à côtes, blanc de Satzuma.

Haut., 22 cent.

89 — Petit brûle-parfums, de forme sphérique, ancien Satsuma, décor à rosaces, au milieu de lambrequins et de rinceaux en polychrome et or; couvercle surmonté d'une chimère.

Haut., 12 cent.

90 — Petit brûle-parfums, en forme de brasero, posé sur trois pieds, ancien Satsuma, décoré de médaillons à fleurs, entourage à losanges fleuris ; couvercle en bois noir.

Haut., 8 cent.

91 — Bol, ancien grès de Satsuma, fond noir, à reflets métalliques, décoré d'éventails en émaux de couleur et rehauts d'or.

Haut., 9 cent.

— Petit pot, avec couvercle, ancien Satsuma, en métal ajouré, fond rouge; décor très fin, à losanges fleuris et médaillons à fleurs en émaux de couleur et or.

Haut., 12 cent.

93 — Bol, ancien Satsuma, fond noir à reflets métalliques; décor à réserves de fleurs et branchages fleuris, en émaux de couleur rehaussés d'or.

Haut., 7 cent.

94 — Petit bol, ancien Satsuma; décor à cartels de fleurs, losanges et treillages fleuris en émaux de couleur rehaussés d'or.

Haut., 8 cent.

95 — Coupe sur piédouche, ancien Satsuma; décor offrant à l'intérieur, des lambrequins et rosaces se terminant en pendentifs et à l'extérieur des fleurs et branchages.

Haut., 7 cent.

96 — Grand bol, à côtes tournantes, Satsuma primitif; décor par bandes en émaux verts et bleus.

Haut., 10 cent.

97 — Groupe, ancien Satsuma, représentant un dieu assis et, en imprécations, à ses pieds, se tient un enfant.

Haut., 30 cent.

98 — Petite potiche, ancien Satsuma, décorée de rosaces à treillages fleuris au milieu de feuillages et de rinceaux en émaux bleus, rouges et or.

Haut., 13 cent.

99 — Petit brûle-parfums, ancien Satsuma, de forme carrée et à panse renflée, décoré sur les côtés de chrysanthèmes, fleurs de pêchers et dragons dans les nuages en émaux de couleur, rehaussés d'or; couvercle surmonté d'une chimère.

Haut., 11 cent.

100 — Petite bonbonnière, de forme lenticulaire, ancien Satsuma, à fleurs en polychrome sur fond treillagé fleuri.

101 — Théière, ancien Satsuma, à panses renflées; décor à jeux d'enfants; bordures à lambrequins et rosaces treillagées en émaux de couleur.

Haut., 15 cent.

102 — Bouteille carrée, blanc de Satsuma.
Haut., 12 cent.

103 — Pot, avec couvercle, en ancienne porcelaine de Koutani; décor aux bambous et à branchages fleuris.
Haut., 14 cent.

104 — Bol, ancien Satsuma; décor à branchages fleuris; le bas et la bordure intérieure à lambrequins en polychrome et or.
Haut., 9 cent.

105 — Bol, ancien Satsuma, décor à branchages fleuris et à feuilles de vigne en relief en polychrome et or.
(*Provient de la collection Marquis.*)
Haut., 8 cent.

106 — Petit vase à panse renflée, avec anses à anneaux mobiles, ancien Satsuma, décoré de médaillons à volatiles, entourage à feuillages et rosaces en émaux bleu, rouge et or.
Haut., 20 cent.

107 — Petite boîte ronde en Satsuma, décor à réserve de dragons et chimères, bordure à lignes grecques, en émaux polychrome et or.
Haut., 6 cent.

108 — Vase forme bouteille, ancien Satsuma, décor aux chrysanthèmes en rehauts d'or, offrant sur les côtés des médaillons en relief à vannerie, et décorés de papillons.

Haut., 20 cent.

109 — Petit bol, Satsuma, décor à fleurs et papillons en émaux polychrome rehaussés d'or.

Haut., 6 cent.

110 — Vase, ancien Satsuma, décor aux nuages, et semis de fleurettes, en émaux bleus rehaussés d'or.

Haut., 22 cent.

111 — Théière, ancien Satsuma, décor très fin, à réserve de papillons et branchages fleuris, bordure à lambrequins et treillages fleuris.

Haut., 12 cent.

112 — Théière, ancien Satsuma, décor à fleurs et animaux en polychrome et or, bordure à rosaces et losanges.

Haut., 10 cent.

113 — Petite gourde, ancien Satsuma, le haut à rinceaux feuillagés et fleuris, en émaux de

couleur et rehauts d'or sur fond noir ; le bas à réserves de fleurs et chimères.

Haut., 16 cent.

114 — Petit bol, ancien Satsuma, décor aux papillon et à branches de chrysanthèmes à l'intérieur et à l'extérieur.

Haut., 6 cent.

115 — Petit bol, ancien Satsuma, décor aux cigognes, bordure à lambrequins, rosaces et rinceaux en polychrome et or.

Haut., 8 cent.

116 — Petit-brûle parfums, ancien Satsuma, décor à treillages et branchages, à rehauts d'or, anses à têtes d'éléphants, couvercle surmonté d'une chimère.

Haut., 10 cent.

117 — Petite jardinière ronde posant sur trois pieds à têtes d'éléphants, décor à branches de chrysanthèmes et volatiles, en polychrome et or, et en relief sur fond noir.

Haut., 10 cent.

118 — Bol, ancien grès de Satsuma, décor à bouquets de fleurs, en émaux de couleur rehaussés d'or.

Haut., 8 cent.

119 — Bol, ancien Satsuma, décor au faisan et à fleurs en polychrome et or.

Haut., 8 cent.

120 — Petit pot, ancien Satsuma, décor à branchages fleuris en émaux bleu, turquoise et or, bordure à lignes grecques.

Haut., 7 cent.

121 — Petit écran d'encrier, ancien Satsuma, décor à fleurs en relief, en émaux de couleur, rehaussés d'or, de Ken Biyo.

Haut., 15 cent.

122 — Petit vase, à long col et à anses, ancien Satsuma, décor à branchages fleuris, en vert, rose et or, bordures à rosaces, le haut à lambrequins.

Haut., 16 cent.

123 — Théière, ancien Satsuma, décor très fin aux chrysanthèmes, en émaux vert, rouge et or, bordure à perles.

Haut., 10 cent.

124 — Vase, ancien blanc de Satsuma, à panse renflée, goulot évasé et découpé, anses à anneaux mobiles.

Haut., 20 cent.

125 — Théière. ancien blanc de Satsuma, le haut à feuillages en relief.

Haut., 11 cent.

126 — Plat, ancien Satsuma, décor à fleurs, en émaux rouge, rose, vert et or, bordure à lambrequins.

Diam., 26 cent.

127 — Socle, posant sur trois pieds, ancien Satsuma, décor à fleurs et arabesques, en polychrome et or.

Haut., 13 cent.

128 — Petit baquet, ancien Satsuma, décor aux nuages et semis de fleurettes, en polychrome et or.

Haut., 8 cent.

129 — Bol, ancien Satsuma, décor à personnages et cavalier, en polychrome et or.

Haut., 7 cent.

130 — Petite bonbonnière, forme éventail, ancien Satsuma, décor très fin, à rosaces, cachets et arabesques.

131 — Petit bol, ancien Satsuma, décor très

fin, à réserves de branchages fleuris, avec émaux en relief et rehaussés d'or.

(Collection Marquis.)

Haut., 5 cent.

POTERIES DE KIOTO

132 — Bol en vieux Kioto, fond rouge enrichi d'incrustations d'argent dessinant des poissons au milieu des flots et qui encadrent trois médaillons réservés en blanc avec ibis prenant leur vol, en émaux violet, jaune et vert. L'intérieur offre au fond l'oiseau de Ho en bleu, et la bordure fond rouge des incrustations d'argent à arabesques feuillagées et fleuries, portant la signature de Yerakou.

Haut., 11 cent.

133 — Verre en porcelaine de Kioto, décoré de médaillons à fleurs et caractères japonais, sur fond rouge à rehauts d'or, pied à dessin bleu treillagé.

Haut., 10 cent.

134 — Bol en vieux Kioto, décor fond blanc et noir flambé, bordure à losanges ajourés portant la signature de Yerakou.

Haut., 10 cent.

135 — Bol en grès de Kioto, fond brun, décor à bande de feuillage en bleu et or, et à l'extérieur de rosaces au milieu de losanges dorés. Signé Kenzan.

Haut., 7 cent.

136 — Petite coupe sur piédouche incisé, de forme sphérique, en vieux Kioto, décorée de personnages au milieu de bambous, en émaux de couleur et rehauts d'or.

Haut., 12 cent.

137 — Théière en vieux Kioto, simulant une toiture de paille, le sommet en émail blanc craquelé. Pièce signée Hozan.

Haut., 12 cent.

138 — Bouteille à panse renflée, de forme carrée, et à petit goulot, en ancienne faïence de Kioto, décor à feuilles de vignes vierges, en vert, jaune et rouge sur fond gris craquelé.

Haut., 20 cent.

139 — Bol avec couvercle en anciene faïence coquille d'œuf de Kioto, décor à éventails et écrans, en polychrome et or sur fond noir.

Haut., 10 cent.

140 — Bol en ancienne faïence de Kioto, décor à fleurs de pêchers, en vert et or.

Haut., 8 cent.

141 — Vase, forme carafe, en ancienne faïence de Kioto, décor par bandes, à fleurs et arabesques sur fond noir et à treillages fleuris, col entouré d'un nœud de corde.

Haut., 20 cent.

142 — Bouteille en Kioto, décor à glands et rosaces, en polychrome et or, goulot à cotes en bleu, rouge et or.

Haut., 23 cent.

GRÈS DE BIZEN

143 — Groupe de deux cailles, sur un régime de millet, en ancien grès de Bizen. Spécimen remarquable.

Haut., 13 cent.

144 — Petite coupe en ancien grès de Bizen, forme fleur, posée sur un tronc d'arbre, couvercle surmonté de deux chimères se combattant.

Haut., 13 cent.

GRÈS DE CHINE

145 — Grande bouteille piriforme en grès flambé de Chine.

Haut., 42 cent.

146 — Bouteille en ancien grès de Chine du XVIe siècle, décor en relief, rosaces et arabesques, anses à oreilles et anneaux mobiles.

Haut., 28 cent.

POTERIES DE BANKO

147 — Bol, de forme carrée, en vieux Banko, décoré de médaillons à branchages fleuris, en émaux de couleur, sur un fond treillagé en manganèse et offrant à l'intérieur une branche de vigne vierge.

Haut., 8 cent.

148 — Plat en faïence de Banko, fond rouge à vannerie, offrant au centre et sur les côtés des médaillons à paysages.

Diam., 30 cent.

149 — Bouteille en ancienne faïence de Banko, fond vert céladon, anses à anneaux, décor à personnages dans des paysages simulant la laque rouge de Pékin.

Haut., 20 cent.

POTERIES DE SETO

150 — Poisson en vieux Seto.

Haut., 40 cent.

151 — Bol en vieux Seto, fond noir, à réserves de branchages fleuris en émaux de couleur ; bordure à rosaces. Portant la signature de Sétoské.

Haut., 7 cent.

POTERIES DIVERSES

152 — Brûle-parfums en ancien grès de Hirato, à panse renflée et ajourée, à volatiles et bran-

chages fleuris, posant sur trois pieds à masques chimériques ; couvercle en métal ajouré. Pièce intéressante du XVIIe siècle.

Haut., 16 cent.

153 — Bol en faïence, décoré en relief par Tôhakuyen, à scènes guerrières et paysages, au milieu d'arbustes et d'un enchevêtrement de lianes, et avec ronde de tortues à l'intérieur. Pièce très curieuse comme facture.

Haut., 10 cent.

154 — Grand plat en porcelaine de Hizen, riche décor au dragon et oiseau sacré au milieu de nuages et d'arabesques fleuries, en émaux de couleur sur fond blanc, portant la signature de Gordaya.

Diam., 42 cent.

155 — Bouteille à anses en grès de S'en Sho, décorée de branchages fleuris, en laque et incrustations de nacre à reflets de couleur.

Haut., 32 cent.

156 — Jardinière en grès flambé, grand feu, de Ofou-Ké ; anse à feuilles d'eau en relief et offrant à l'intérieur une très curieuse cristallisation d'émaux sous couverte.

Haut., 7 cent. ; diam., 23 cent.

157 — Gourde en grès de Soukorokou, fond gris, décor coréen en blanc au trait, à rosaces et cercles.

Haut., 24 cent.

158 — Petite bouteille, à panse renflée et goulot évasé dans le haut, en terre de Boccaro, décor aux grenouilles, à branchages fleuris et semis de fleurettes en relief et émaux de couleur; posant sur trois pieds ; anses à fleurs.

Haut., 20 cent.

159 — Deux petites coupes sur piédouche, de forme ovale, en ancienne faïence d'Owari, offrant les armoiries des Shogoun Tokougava, au milieu de rinceaux fleuris et feuillagés ; bordure dentelée et ornée d'émaux bleus.

160 — Bol Sou Yaki, décor flambé.

Haut., 9 cent.

PORCELAINES CORÉENNES

161 — Bouteille à quatre pans en ancienne porcelaine coréenne (?), décorée de rinceaux feuillagés et fleuris en émaux de couleur, sur fond blanc.

Haut., 16 cent.

162 — Bouteille coréenne, fond gris; décor en camaïeu, à rosaces, cerclages et losanges.

Haut., 30 cent.

POTERIES ET PORCELAINES
DU JAPON

163 — Plat en ancienne porcelaine du Japon, décor à branchages fleuris en bleu, rouge et or, sur fond blanc.

Diam., 38 cent.

164 — Grande théière en ancienne porcelaine du Japon, décor à corbeilles fleuries et arabesques en bleu, rouge et or, sur fond blanc.

Haut., 24 cent.

165 — Vase, à pans et à anses et de forme arrondie, en ancienne porcelaine du Japon, décor à feuillages et arabesques en émaux bleu, rouge et vert.

166 — Bol en ancienne faïence du Japon, fond craquelé; décor à volatiles, fleurs et roseaux en relief et émaux de couleur. Pièce portant la signature de Tohakuyen.

Haut., 9 cent.

167 — Coupe en poterie japonaise, de forme carrée et à angles brisés; décor en relief, à branches de fleurs; bordure à rosaces sur fond ocre. Signée Dayou.

168 — Bol en ancien grès du Japon; le pourtour à treillages ajourés laisse apercevoir à l'intérieur des insectes, grenouilles et tortues en relief; bordure à perles et lignes grecques en émaux bleu et blanc. Pièce des plus intéressante portant la signature de Tohakuyen.

Haut., 9 cent.

169 — Bol en ancien grès du Japon, fond blanc; décor à rosaces et treillages fleuris en rouge et or, avec émaux bleu turquoise.

Haut., 7 cent.

170 — Petit bol en ancien grès du Japon, fond noir.

Haut., 6 cent.

171 — Statuette en ancien grès du Japon, représentant le dieu Darma enveloppé dans un grand manteau rouge.

Haut., 37 cent.

172 — Cornet en grès du Japon; décor en relief au dragon enroulé. Signé Kôren.

Haut., 23 cent.

173 — Petit bol, de forme évasée, en ancienne faïence du Japon, fond craquelé, décoré à l'intérieur d'oiseaux sacrés, et de feuillages à l'extérieur; en émaux de couleur rehaussés d'or.

Haut., 6 cent.

LAQUES

174 — Grande bonbonnière en laque d'or du Japon; décor à médaillons d'animaux et de volatiles, semis de fleurettes sur un fond imitant les veines du bois.

175 — Coffret en bois, de forme rectangulaire; décor offrant, sur le couvercle, une voiture japonaise et sur les côtés et à l'intérieur des branchages fleuris, en application de laque d'or et de burgau.

(*De l'atelier de Korin.*)

Haut., 12 cent.; larg., 14 cent.

176 — Petite boîte ronde, de forme lenticulaire, en laque rouge et or; offrant, sur un côté, une fleur de lotus; et sur l'autre, une potiche; et à l'intérieur, le dieu Aizen-Mio et des caractères de sanscrit en bois sculpté peint et rehaussé d'or.

177 — Petite pagode en laque rouge, ferrures et charnières en métal finement gravé et ajouré, et renfermant une divinité en bois sculpté rehaussé de couleur et de dorure, et assise sur une fleur de lotus.

Haut., 33 cent.

178 — Inro en laque d'or, à cinq compartiments; décor à paysages montagneux et maritimes.

179 — Inro, à trois compartiments, en laque rouge; décor à fleurs et branchages en laque d'or, avec incrustations de burgau.

180 — Inro en laque d'or; riche décor à paysages montagneux divisé en sept compartiments renfermant des figurines et groupes en ivoire sculpté.

181 — Petite boîte plate et carrée, offrant sur un fond noir des fleurs en laque d'or et rouge.

182 — Petite boîte, forme losange, à deux compartiments, en vieux laque d'or.

183 — Bonbonnière ronde en vieux laque d'or, couvercle représentant des grues, avec incrustations de nacre à reflets de couleur.

(*De l'atelier de Korin.*)

184 — Grande boîte ronde en laque de Pékin, fond vert et rouge à losanges fleuris, médaillons à personnages dans des paysages.

Haut., 23 cent.; diam., 28 cent.

ÉMAUX CLOISONNÉS

185 — Jardinière, de forme rectangulaire, en ancien émail cloisonné de Chine, décor à rosaces au milieu de nuages, encadrement à rinceaux fleuris, socle en bois. Époque Kien-long.

Long., 30 cent.; larg., 19 cent.

186 — Plateau en ancien émail cloisonné et champlevé de Chine, offrant au centre une rosace au milieu de chauves-souris, entourage à rinceaux fleuronnés et lambrequins. Pièce très intéressante.

Diam., 30 cent.

187 — Coupe en ancien émail cloisonné, fond bleu turquoise, de l'époque Kien-long, bordure découpée à contours, offrant au centre une rosace au milieu d'arabesques. Socle en bois de fer.

Haut., 12 cent.

188 — Jardinière ronde en ancien émail cloisonné de Chine, fond bleu turquoise, anses à dragons, médaillons à rosaces fleuries, posant sur trois pieds, à dragons enroulés en bronze doré.

Haut., 19 cent.

189 — Grand bol en ancien émail cloisonné de la Chine, fond bleu turquoise, décor à animaux fantastiques dans des nuages et au milieu de fleurs et arabesques, portant en inscription la date des Ming. Socle en bois de fer.

Haut., 10 cent.

190 — Brûle-parfums en ancien émail cloisonné de Chine, décoré d'arabesques, rinceaux et rosaces fleuries, couvercle à motifs ajourés et dorés, posant sur trois pieds à têtes de chimères. Époque des Ming.

Haut., 20 cent.

191 — Deux vases en émail cloisonné du Japon, à pans, décor aux chimères sur un fond de carrelage à lignes grecques, anses ajourées.

Haut., 30 cent.

192 — Plaque ronde en émail cloisonné du Japon, orné au centre d'un vase sur fond noir, médaillon de fleurs et décoré de poissons, entourage offrant des rosaces, losanges et carrelages fleuris.

Diam., 30 cent.

193 — Petit bol en ancien émail cloisonné, fond bleu, à fleurs et oiseaux sacrés, au milieu de feuillages.

Haut., 7 cent.

BRONZES DE CHIROCHINO

194 — Théière en bronze ancien niellé de Chirochino, de forme rectangulaire, décor à fleurs, feuillages et oiseaux.

Haut., 18 cent.

195 — Porte-bouquet en bronze ancien niellé de Chirochino, décor aux dragons et animaux fantastiques au milieu de rinceaux et d'orne-

ments, cerclé de métal repoussé, anses à anneaux mobiles et têtes d'animaux.

Haut., 18 cent.

196 — Théière à anse, en ancien bronze niellé de Chirochino, forme ronde, décor à insectes et branchages; couvercle orné d'une grenouille, posée sur une touffe de roseaux.

Haut., 15 cent.

BRONZES DE CHINE

197 — Coupe à sacrifice en ancien bronze de Chine, bec forme tête de chimère; décor ciselé et gravé, à animaux et ornements. Pièce très curieuse.

Haut., 24 cent.

198 — Petit brûle-parfums, de forme surbaissée et à anses, en ancien bronze de Chine, à patine noire, décor parties dorées à poissons et coquillages au milieu d'ornements; socle et couvercle en bois de fer ajouré, surmonté d'un fruit en jade, époque des Ming, avec les huit emblèmes Tao-isté.

(*Provient de la collection G. de la Voltals*).

Haut., 15 cent.

199 — Grand pot, de forme cylindrique, avec couvercle, en ancien bronze de Chine, décor ciselé et gravé à lignes grecques et ornements.

Haut., 19 cent.

200 — Petit pot en ancien bronze de Chine, à patine claire, décor à paysage ; socle et couvercle en bois de fer. Portant la signature de Siouen-Lé (1416-1436).

201 — Vase, de forme allongée et à pans, en ancien bronze de Chine, décor à réserve, aux nuages, et animaux fantastiques.

Haut., 26 cent.

202 — Brûle-parfums, à panse renflée, en ancien bronze de Chine, à patine frottée d'or par bandes circulaires, décor gravé à rinceaux, rosaces et arabesques, anses à têtes de dragons. Pièce intéressante en très bel état de conservation. Antérieure au XIIe siècle.

Haut., 21 cent.

203 — Vase, en forme de bouteille, en ancien bronze de Chine, à patine d'or, anses formées par des dragons enroulés autour du goulot.

Haut., 30 cent.

204 — Groupe équestre en ancien bronze de Chine, à patine noire, parties ornées d'émaux et représentant Juro déroulant un édit du bonheur général.

Haut., 19 cent.

205 — Petit cornet, de forme allongée et rectangulaire, en ancien bronze de Chine, décor ciselé et gravé à feuilles et arabesques.

Haut., 20 cent.

BRONZES DU JAPON

206 — Vase, de forme surbaissée, en ancien bronze du Japon, décor cloisonné par parties, à lambrequins verts, ceinture à arabesques en émaux rouge, bleu et blanc, couvercle surmonté d'une chimère, socle en bois de fer.

Haut., 25 cent.

207 — Oie, bronze du Japon, représentée le cou tendu, le bec en l'air, le plumage très finement ciselé gravé, très belle patine noire. Pièce rare du XVe siècle.

Haut., 55 cent.

208 — Chaufferette en bronze ancien du Japon, décor aux chrysanthèmes, couvercle ajouré.

Haut., 16 cent.

209 — Vase, en forme de courge, en bronze du Japon.

Haut., 40 cent.

BRONZES VARIÉS

210 — Statuette en bronze doré, finement ciselé gravé, et incrusté de pierres dures de la déesse de Kouanyin. Travail ancien du Thibet.

Haut., 25 cent.

211 — Porte-bouquet en bronze, forme tube, décor ciselé et gravé, anses et échelles. Travail coréen.

212 — Deux coulants en bronze ciselé et ajouré à feuillages.

213 — Petit plateau, de forme octogonale, en fer repoussé, à fleur et papillon.

JADES

214 — Petite coupe en jade, forme feuille de nénuphar.

Haut., 4 cent.

215 — Boîte ronde en jade sculpté à dragons, au milieu d'arabesques, couvercle surmonté d'un bouton en corail.

Haut., 8 cent.

216 — Théière en jade avec couvercle, anses à oreilles. Travail indien.

Haut., 9 cent.

217 — Verre en jade vert marbré sur plateau en ancien émail cloisonné, de l'époque Kien-long.

Haut., 7 cent.

218 — Brûle-parfums à anses, en jade, décor sculpté et gravé, couvercle orné de lions couchés.

Haut., 13 cent.

ARMES CHINOISES
ET JAPONAISES

219 — Poignard, fourreau en laque noire, monture en argent et inscrustations d'or, le fourreau orné d'un dragon dans des nuages, la poignée de poissons et de dragons enroulés. Très belle pièce et complète.

220 — Poignard en ivoire, remarquablement sculpté, à enroulements de fleurs et grenouilles.

221 — Poignard, fourreau en bois, orné d'appliques, à dragons en or et argent, poignée en galuchat.

222 — Poignard, fourreau en laque noire vermiculée, décoré d'appliques finement ciselées, à dragons et abeilles.

223 — Poignard en laque rouge moirée, le fourreau décoré dans le bas d'une applique à tête de chimère et d'un serpent enroulé, poignée et coulant à têtes de personnages.

224 — Poignard, fourreau en argent, décor en relief représentant : d'un côté, la mer avec poissons et récifs, et, de l'autre, des personnages sur les flots de la mer; ornements incrustés d'or.

225 — Grand sabre japonais, garde ciselée à personnages, poignée en galuchat, monture en fer incrusté d'or. XVIe siècle.

226 — Couteau, manche en ancienne porcelaine de Chine à fleurs.

227 — Casque en fer, de forme conique, avec couvre-nuque.

228 — Casque en fer, forme escargot.

229 — Petit casque en fer ciselé et gravé, et orné d'appliques à cloutages dorés, avec masque et couvre-nuque; visière à ailettes avec chimères sur la visière et au sommet.

Haut., 34 cent.

NÉCESSAIRES

230 — Nécessaire en émail cloisonné, fond bleu turquoise ; dessins à fleurs au milieu d'arabesques, composé d'un couteau et de deux baguettes pour le riz.

231 — Nécessaire en galuchat orné d'appliques en métal émaillé bleu et d'ornements en ivoire, composé d'un couteau et de trois baguettes en ivoire pour le riz.

PIPES

232 — Pipe de lutteur en cuivre doré et ciselé ; décor au dragon dans les nuages avec accessoire en cuir repoussé, à personnages et ornement, et orné d'appliques de métal ciselé, à dragon, fleurs et chimères.

233 — Pipe en métal finement ciselé, à dragon enroulé au milieu d'arabesques.

234 — Pipe en métal ciselé, à personnages ; entre-deux en bambou.

IVOIRES

235 — Grand pitong en ivoire du Japon, offrant sur un côté, une scène de chasse, et sur l'autre une prêtresse, avec incrustations de fleurs en pierres dures. Socle en bois de fer.

Haut., 34 cent.

BOIS SCULPTÉS

236 — Groupe équestre en bois sculpté, laqué et doré, représentant une divinité ; montée sur une chimère et tenant un sceptre.

Haut., 40 cent.

237 — Deux grands bas-reliefs en bois de teck sculpté, à chimères au milieu de fleurs et de branchages.

238 — Dessus de porte, en bois de santal sculpté et ajouré, représentant des chimères au milieu de branchages fleuris.

Haut., 60 cent.; larg., 1 m. 30 cent.

239 — Dessus de porte de pagode en bois de santal sculpté et ajouré, représentant un dragon dans des nuages.

Haut., 60 cent.; larg., 1 m. 30 cent.

240 — Dessus de porte de pagode en bois sculpté et doré, à enroulement de dragon dans les nuages.

241 — Coffret, de forme rectangulaire, en bois de fer, finement sculpté sur les quatre faces, à nombreux petits personnages dans des paysages; couvercle orné d'une plaquette en ancienne porcelaine de Chine, représentant un marché.

20 cent. sur 14 cent.

ARMES ORIENTALES

242 — Très beau fusil ancien, avec canon rayé de damas, enrichi, près de la batterie et à l'extrémité, d'arabesques fleuries en damasquinures d'or; la crosse finement cloutée, à petites rosaces de cuivre, décorée d'inscrustations d'ivoire et de fer gravé; les attaches en argent niellé; batterie en partie incrustée d'or.

243 — Fusil ancien, canon presque entièrement couvert d'arabesques d'or ; la batterie, de même travail, enrichie de coraux, le bois orné d'incrustrations d'ivoire teinté vert, clouté de cuivre, dessin à petites rosaces ; les attaches en argent.

244 — Fusil ancien, à canon de damas finement gravé, parties décorées de nielles d'argent ; la crosse et le bois presque complètement couverts d'incrustations de nacre cloutée.

245 — Paire de beaux pistolets anciens, à canon et platine gravés ; bois et crosse recouverts d'argent finement ciselé.

246 — Paire de très beaux pistolets, à canons damasquinés d'or ; les bois ornés de fines incrustations d'argent dessinant des arabesques lobées ; près de la batterie, des applications représentant des trophées guerriers ; la crosse, finement ciselée, offre également des attributs militaires. XVIIIe siècle.

MEUBLE DE LIÈVRE

247 — Grand et beau meuble, formant vitrine et étagère, en bois de îles, sculpté dans le goût chinois, d'aspect monumental. Il est orné d'appliques et de moulures en bronze ciselé et ajouré, s'ouvre dans le milieu à une porte ornée d'une glace, le haut cintré et dans le bas à deux tiroirs; les côtés sont à étagères superposées, les montants à d'élégantes colonnettes, avec entre-deux formés par des motifs en forme de vases, et le haut à chapiteaux à fleurs de lotus en bronze doré, et offrant, de chaque côté, deux dragons en bronze remarquablement ciselé, à patine dorée. Travail de Lièvre.

Long., 3 m. 75 cent.; larg., 2 m. 30 cent.

248 — Objets omis.

www.ingramcontent.com/pod-product-compliance
Ingram Content Group UK Ltd.
Pitfield, Milton Keynes, MK11 3LW, UK
UKHW021314190726
13839UKWH00007B/1531